Júpiter

J.P. Bloom

abdopublishing.com

Published by Abdo Kids, a division of ABDO, PO Box 398166, Minneapolis, Minnesota 55439.

Printed in the United States of America, North Mankato, Minnesota.

052016

092016

 THIS BOOK CONTAINS RECYCLED MATERIALS

Spanish Translator: Maria Puchol, Pablo Viedma

Photo Credits: iStock, NASA, Science Source, Shutterstock, Thinkstock

Production Contributors: Teddy Borth, Jennie Forsberg, Grace Hansen

Design Contributors: Candice Keimig, Laura Rask, Dorothy Toth

Publishers Cataloging-in-Publication Data

Names: Bloom, J.P., author.

Title: Júpiter / by J.P. Bloom.

Other titles: Jupiter. Spanish

Description: Minneapolis, MN : Abdo Kids, [2017] | Series: Planetas |
    Includes bibliographical references and index.

Identifiers: LCCN 2016934898 | ISBN 9781680807530 (lib. bdg.) |
    ISBN 9781680808551 (ebook)

Subjects: LCSH: Jupiter (Planet)--Juvenile literature. | Solar system--Juvenile
    literature. | Spanish language materials--Juvenile literature.

Classification: DDC 523.45--dc23

LC record available at http://lccn.loc.gov/2016934898

Contenido

Júpiter

Júpiter es un **planeta**. Los planetas **orbitan** alrededor de las estrellas. Los planetas de nuestro sistema solar orbitan alrededor del sol.

Júpiter es el quinto **planeta** más cercano al sol. Está alrededor de 484 millones de millas (779 millones de km) del sol.

Venus

Marte

La Tierra

Mercurio

Júpiter

Saturno

Urano

Neptuno

7

Júpiter hace una órbita completa alrededor del sol muy lentamente. Un año en Júpiter es alrededor de 12 años en la Tierra.

Ío
(satélite)

Europa
(satélite)

Júpiter rota mientras está en **órbita**. Una rotación determina un día y una noche. Júpiter rota muy rápido. Un día en Júpiter es alrededor de 10 horas en la Tierra.

**Europa
(satélite)**

Júpiter es el **planeta** más grande de nuestro sistema solar. ¡Es dos veces y media más grande que todos los demás planetas **combinados**!

La Tierra
7,918 millas
(12,742 km)

Júpiter 86,881 millas (139,822 km)

13

Júpiter es una bola gigante de gas. No se puede caminar en Júpiter.

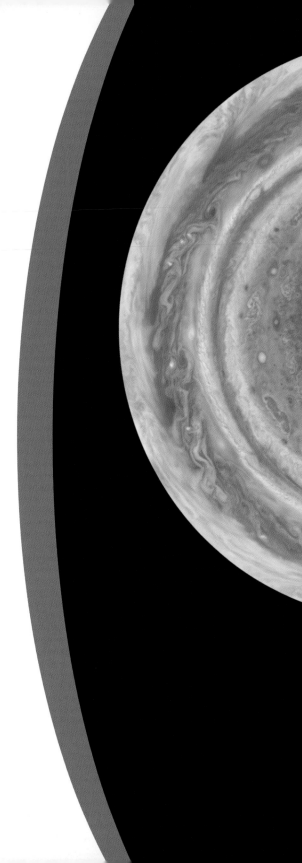

Polo Sur

Polo Norte

15

Tormentas en el planeta

Júpiter tiene muchas tormentas. Hay relámpagos en Júpiter. También hay vientos muy fuertes.

17

Hay una mancha roja en el planeta. Esta mancha es una tormenta gigante. ¡Está durando cientos de años!

WFC3 / UVIS
21 de abril de 2014

1995 WFPC2

2009 WFC3 / UVIS

2014 WFC3 / UVIS

Júpiter desde la Tierra

Se puede ver Júpiter por

la noche.

Venus

Júpiter

21

Más datos

- Júpiter tiene anillos. Los científicos creen que los anillos de Júpiter están formados por sus satélites.

- Júpiter tiene muchos satélites. Hasta el año 2014 se han estudiado 67 satélites. ¡Su satélite Ganímedes es más grande en diámetro que Mercurio!

- Júpiter es muy grande. Su gravedad atrae hacia él objetos del espacio. A veces se le llama "la aspiradora del sistema solar".

Glosario

combinado – agrupado, juntado.

gravedad – fuerza natural que mueve las cosas hacia abajo.

órbita – trayectoria de un objeto espacial que se mueve alrededor de otro objeto espacial. Orbitar es moverse en esa trayectoria.

planeta – objeto espacial grande y redondo (como la Tierra) que gira alrededor de una estrella (como el sol).

23

Índice

abdokids.com

¡Usa este código para entrar en abdokids.com y tener acceso a juegos, arte, videos y mucho más!

Código Abdo Kids:
PJK7167